REVUE TRIMESTRIELLE

DE

DROIT CIVIL

EXTRAIT

DU DOMMAGE
ÉPROUVÉ AU SERVICE D'AUTRUI

Par M. G. DEREUX
Docteur en droit (sciences juridiques et économiques),
juge suppléant au Tribunal civil de Laon.

ABONNEMENT ANNUEL :

France, **20** francs; Étranger, **22** francs.

LIBRAIRIE
DE LA SOCIÉTÉ DU RECUEIL J.-B. SIREY & DU JOURNAL DU PALAIS
Ancienne Maison L. LAROSE & FORCEL
L. LAROSE & L. TENIN, Directeurs
22, rue Soufflot, PARIS, 5e Arrd.

DU DOMMAGE

ÉPROUVÉ AU SERVICE D'AUTRUI (1)

Par M. Georges Dereux,

Docteur en droit (sciences juridiques et économiques), juge suppléant au Tribunal civil de Laon.

Nous voyons sans cesse autour de nous des personnes rendre à d'autres des services. Ainsi font, dans l'exercice de leurs professions, le notaire, l'avoué (2), l'avocat, le médecin, l'architecte, le précepteur, le directeur d'usine, l'agent d'affaires, le courtier, l'employé de commerce, l'ouvrier, le domestique et bien d'autres encore qu'il serait oiseux d'énumérer. — Or, il arrive quotidiennement qu'en agissant pour le service de quelqu'un, on se trouve victime d'un dommage imprévu : tantôt d'une simple perte pécuniaire, tantôt d'un accident entraînant une blessure ou parfois même la mort. — En pareil cas, la victime du dommage (ou sa famille) doit-elle toujours supporter la totalité du préjudice? N'a-t-elle aucun recours contre la personne qui a bénéficié du service rendu?

Voilà, pour le jurisconsulte, une question difficile à résoudre. Quand un fâcheux hasard vient frapper quelqu'un, il semble toujours injuste. Or si, pour épargner certaines

(1) Comme on le verra par la suite, nous n'entendons nullement restreindre notre étude aux cas où il y a un louage de services proprement dit : nous y comprenons également les cas où le service rendu consiste dans l'exécution d'un mandat, ou de n'importe quel travail.

(2) Voir la note précédente.

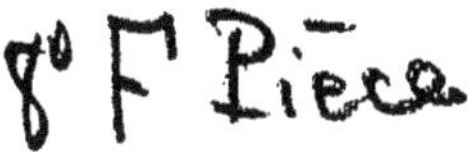

classes de la société, on cherche à faire supporter le préjudice par d'autres, il y aura toujours d'aussi amères protestations. Le fardeau changé d'épaule reste toujours un fardeau.

Cependant la question que nous avons posée exige une solution; et c'est pourquoi, guidé par les lois et aussi par l'équité, nous allons nous mettre à la recherche des solutions les plus juridiques et les plus justes.

I

Fort heureusement, il est certaines situations — précisément celles qui auraient pu donner lieu aux débats les plus passionnés — pour lesquelles le législateur, dans ces dernières années, nous a donné des règles précises : les ouvriers et employés au service d'exploitations industrielles ou commerciales trouvent dans la loi du 9 avril 1898 et dans les lois similaires une protection des plus efficaces : ils sont généralement indemnisés de la moitié ou même des deux tiers du préjudice que leur a causé un accident du travail. Pour les difficultés de détail que soulève l'application de ces lois, qu'il nous soit permis de renvoyer le lecteur aux nombreux traités spéciaux relatifs à cette matière.

Mais que de situations diverses restent encore où la législation des accidents du travail ne nous est d'aucun secours! Elle ne s'applique pas à ceux qui rendent bénévolement un service (1), ni à ceux qui exercent des professions dites libérales, ni à ceux qui rentrent dans la catégorie des domestiques ou serviteurs à gages. Même les ouvriers ne peuvent l'invoquer lorsqu'ils ont traité directement avec des particuliers, sans recourir à l'intermédiaire d'un entrepreneur (2). Enfin cette législation protège les salariés seulement contre les accidents qui atteignent la personne, non contre les

(1) A moins qu'il ne s'agisse d'accidents occasionnés par une machine agricole (Loi du 30 juin 1899, art. 1).

(2) Cf. par exemple Caen, 7 janv. 1902, *Gazette des tribunaux*, 1903, 2e sem., IV, *Accidents du travail*, 95. — Chambéry, 30 mars 1904, D. 1906. 2. 71.

simples pertes pécuniaires : l'ouvrier à qui quelqu'un déroberait de l'argent, pendant que son attention est captivée par son travail, se prévaudrait en vain des lois nouvelles (1).

Alors, quand ces lois ne s'appliquent pas, quelle règle viendra nous guider? — Si le préjudice subi résulte d'une faute de la victime, les principes généraux du droit civil permettent d'affirmer qu'elle n'aura droit à aucune indemnité. Si au contraire le préjudice résulte d'une faute de l'employeur, ce dernier en devra réparation (art. 1382, C. civ.). — Mais — et c'est le cas le plus fréquent — s'il n'y a de faute ni d'un côté ni de l'autre, ou si la faute qui a peut-être été commise n'est pas suffisamment prouvée, que faut-il décider? Celui qui a rendu le service a-t-il droit à une indemnité?

D'après la doctrine, et aussi d'après la jurisprudence (2), il faudrait distinguer suivant que le contrat passé est un louage d'ouvrage ou un mandat. Y a-t-il louage d'ouvrage? Point d'indemnité (3). Y a-t-il mandat? Indemnité intégrale. — Ainsi, tandis que la législation spéciale des accidents du travail donne à ses protégés une réparation partielle, le Code civil aurait eu pour principe : tout ou rien. Un avoué, le cas échéant, aura droit à une indemnité totale : car il a exécuté un mandat. Un médecin, dans le même cas, n'aura droit à rien : car il n'a que loué ses services (4).

Mais au point de vue du simple bon sens, on est quelque peu surpris de voir appliquer des règles si différentes à des

(1) Un examen attentif de la législation du travail ferait découvrir encore diverses autres hypothèses où cette législation ne protège pas celui qui a rendu un service à autrui; par exemple l'ouvrier agricole est protégé seulement contre les accidents « occasionnés par l'emploi de machines agricoles mues par des moteurs inanimés » (Loi du 30 juin 1899, art. 1).

(2) Cpr. Pont, *Traité des petits contrats* (éd. 1873), p. 503; — Guillouard, *Traité des contrats aléatoires et du mandat* (éd. 1894), n° 173; — Baudry-Lacantinerie et Wahl, *Ibid.*, 3e éd., n° 720, p. 378; — *Pandectes françaises, Rép.*, v° *Mandat*, nos 1315 et s.; — Cass., 24 janv. 1882, D. 82. 1. 65 : — Paris, 14 août 1852, D. 53. 2. 75; — Aix, 23 oct. 1889, D. 90. 2. 301; — Nancy, 29 avr. 1893, S. 93. 1. 120; — Paris, 20 févr. 1907, *Pand. fr.*, 1907. 2. 183.

(3) On admet la même solution dans le cas d'un service rendu bénévolement.

(4) Cette solution est adoptée même par ceux qui refusent de considérer l'exercice d'une profession libérale comme un véritable louage de services.

situations si semblables. Est-il juste que la loi prodigue ses faveurs au mandataire, ses rigueurs au simple locateur de services? Et d'ailleurs est-il vrai qu'elle le fasse, et que les auteurs du Code civil aient mis dans leur œuvre l'antithèse que l'on y voit?

On en peut douter, et nous allons dire pourquoi nous en doutons.

II

Tout d'abord, au point de vue rationnel, la distinction que nous venons de rappeler peut-elle se justifier? En d'autres termes, y a-t-il entre le louage de services et le mandat (1) une différence expliquant qu'on mette à l'abri de tout risque le mandataire, et non le locateur de services? Pour répondre, rappelons préalablement quels sont les traits distinctifs des contrats en question.

Suivant une première opinion, le louage de services « a principalement pour objet un travail matériel, déterminé à l'avance, souvent réitéré, et ne laissant à celui qui l'accomplit aucune initiative personnelle, aucune décision à prendre (2) ». On ajoute même parfois que dans le louage de services il y a entre les deux parties un certain lien de subordination; l'un des contractants est un maître qui donne des ordres à l'autre (3). — Le mandat aurait pour objet des travaux d'une nature plus délicate, et tels que le mandant serait forcé de laisser au mandataire une assez large initiative, le pouvoir de prendre certaines décisions; et la nature même des services rendus aurait pour conséquence que les deux parties traiteraient d'égal à égal.

Ceux qui adoptent cette opinion refusent naturellement de voir un louage de services dans l'exercice d'une profes-

(1) Ce que nous comparons au louage de services, c'est naturellement le mandat salarié. On pourrait également comparer le service rendu gratuitement et le mandat gratuit. Mais ces deux derniers contrats ne donnent guère lieu, en fait, à des procès; et d'ailleurs nous en serions réduit à présenter à leur sujet des considérations fort analogues à celles que nous exposerons à propos des deux contrats à titre onéreux.

(2) Tribunal civil de la Seine, 28 avr. 1906, *Pand. fr.*, 1907. 2. 73.

(3) V. en ce sens, Frey, *Annales de droit commercial*, 1889, p. 197.

sion libérale. Il y aurait, a-t-on dit, quelque chose d'humiliant pour le médecin, l'avocat ou l'homme de lettres, à se trouver rangés dans la même catégorie juridique que le domestique ou le concierge (1). On leur épargne donc cette promiscuité et l'humble épithète de « locateurs de services », pour leur conférer le titre de « mandataires salariés », ce qui a, paraît-il, une tout autre tournure (2).

Quelque critiquable que nous paraisse ce premier système, supposons d'abord qu'il soit vrai : justifierait-il la différence faite, quant aux risques, entre le locateur de services et le mandataire salarié? En aucune façon. Si l'un d'eux est un personnage plus humble, est-ce une raison pour le traiter avec moins d'équité? On nous dit que le locateur de services exécute un travail moins délicat, plus matériel, partant plus facile; et cela explique bien, certes, qu'il ait généralement une rémunération moins forte; à tâche plus facile, salaire plus bas; voilà qui est tout naturel. Mais quel rapport peut-on établir entre l'idée de travail purement matériel, et celle de dommages fortuits à supporter? Par cela même que la situation du locateur de services est plus modeste, et son salaire plus bas, il lui est plus malaisé de s'assurer contre les accidents; et c'est lui qu'on laisserait contre eux sans défense, et l'on protégerait les personnes qui ont généralement le moyen de se protéger elles-mêmes!

Pourtant, s'il y a une école d'économistes peu tendre pour les gens occupés aux travaux matériels, c'est bien celle des individualistes orthodoxes. Or, que nous répètent-ils sans cesse? « Ne plaignons pas, disent-ils, l'ouvrier, l'employé

(1) Cf. Pothier, *Traité du mandat*, n° 23; — Merlin, *Rép.*, v° *Notaire*, § 6, n° 4; — Championnière et Rigaud, *Droits d'enregistrement*, t. II, n°s 1479 et s.; — Duranton, t. XVIII, n° 196; — Troplong, *Louage*, t. II, n°s 791 et s.; — Marcadé, sur l'art. 1779, n° 2.

(2) V. un exposé critique très complet de ces diverses opinions dans Baudry-Lacantinerie et Wahl, *Du mandat et du cautionnement*, 3e éd., n° 380 et s.; — et dans *Rép.* Fuzier-Herman, v° *Louage d'ouvrage*, n°s 23 à 27. — Certains auteurs écartent, à propos des professions libérales, l'idée de mandat et même jusqu'à l'idée de contrat, qui leur paraissent encore manquer trop de noblesse. Que laissent-ils alors subsister au point de vue juridique? Vraiment nous ne le voyons guère.

ou le domestique de ce que son gain est souvent très inférieur à celui de son patron : car *c'est un gain assuré*. Quand on se livre à un travail purement manuel, qu'on n'a aucune initiative à prendre, on n'est responsable de rien, et l'*on ne court aucun risque;* au contraire, dès qu'il y a travail intellectuel, initiative personnelle, décision à prendre, direction à exercer, il y a par là même responsabilité, et risque à courir ». Voilà comment s'expriment les individualistes eux-mêmes. S'il en est ainsi, comment pourrait-on vouloir, au nom de l'équité, laisser le risque professionnel à la charge du travailleur « manuel », et de celui-là seulement?

Lorsqu'un navire battu par la tempête vient à sombrer, le capitaine conscient de son devoir reste le dernier sur son bâtiment, et même alors qu'il n'a commis aucune faute; il n'invoque pas, pour se soustraire au péril, sa qualité de mandataire, ni la supériorité de sa fonction sur celle des matelots; car il doit malgré cela, ou plutôt à cause de cela même, braver de plus près la mort. Ayant été le chef, il doit être le plus exposé. Et la justice veut qu'il en soit partout de même dans la société. Plus on a été libre d'agir à sa guise, plus on doit supporter les risques de son action. — Dès lors, si vraiment le mandat salarié se distingue du louage de services par la liberté qu'il laisse au mandataire, ce dernier doit être le plus exposé au risque professionnel. Décider le contraire, ce serait rendre la situation des humbles pire à tous les points de vue, et, alors que l'idée d'égalité se trouve dans la racine du mot *équité*, déclarer équitable la plus manifeste inégalité.

Au surplus, suivant la majorité des auteurs et des arrêts, la véritable différence entre le louage de services et le mandat n'est pas celle que nous rappelions tout à l'heure; ce qui distingue essentiellement ces deux contrats, c'est que le mandataire fait, pour le compte d'autrui, *des actes juridiques*, et le locateur de services, *toute autre espèce d'actes* (1).

(1) V. Aubry et Rau, 5e éd., t. IV, p. 410; — Planiol, *Traité élém. de droit*

Mais cette nouvelle distinction (que, pour notre part, nous approuvons pleinement) justifie-t-elle mieux que la précédente le principe traditionnel d'après lequel le mandataire seul, et non le locateur de services, doit être dédommagé des pertes subies? Nullement, selon nous. Que je charge une personne de m'acheter une maison (acte juridique), ou simplement, sans l'acheter, de la visiter pour moi (acte non juridique), il y aura dans les deux cas les mêmes raisons de statuer dans un sens ou dans l'autre. Si la doctrine pouvait justifier en raison la théorie qu'elle prétend établie par le Code civil, elle ne manquerait pas de le faire; or, sur ce point les auteurs sont muets. Que dis-je, muets! Certains d'entre eux reconnaissent que la distinction traditionnelle est inique. Par exemple, MM. Baudry-Lacantinerie et Wahl disent sans doute que, à la différence du locateur de services, « le mandataire salarié peut réclamer une indemnité dans les mêmes cas que le mandataire gratuit, car l'article 2000 ne distingue pas »; mais ils ajoutent aussitôt : « Cela est d'ailleurs difficile à justifier (1) »; et dans une note publiée récemment sur notre question par les *Pandectes françaises*, nous lisons : « Ainsi, il y a conflit entre le droit et l'équité (2) ».

Certes, l'antithèse que nous critiquons comme irrationnelle pouvait se comprendre dans notre ancien droit : car autrefois on comparait le louage de services, contrat à titre onéreux, avec le mandat, qui alors était essentiellement gratuit (3). Quand on a rendu un service par obligeance,

civil, 2e éd., t. II, nos 2231 et 2232; — *Rép.* Fuzier-Herman, vo *Mandat*, nos 55, 56; — Lyon-Caen et Renault, 3e éd., t. III, no 520; — Guillouard, *Traité des contrats aléatoires et du mandat*, 2e éd., no 27; — Laurent, 3e éd., t. XVII, nos 337 et s.

(1) Baudry-Lacantinerie et Wahl, *Du mandat et du cautionnement*. 3e éd., no 723.

(2) *Pand. fr.*, 1907. 2. 184. Note signée A. P.

(3) Selon Pothier « le contrat de mandat est un contrat par lequel l'un des contractants confie la gestion d'une ou de plusieurs affaires, pour la faire en sa place et à ses risques, à l'autre contractant, *qui s'en charge gratuitement* et s'oblige de lui en rendre compte » (*Du contrat de mandat*, no 1). Si le mandat n'est pas gratuit, ajoute-t-il, ce « n'est pas un contrat de mandat; c'est une autre espèce de contrat; c'est un contrat de louage ». Cpr. ce

on a manifestement plus de droit à être mis à l'abri de tout risque, que si l'on a poursuivi son propre intérêt. Mais, depuis le Code civil, le mandat peut être salarié (art. 1986); et maintenant, ce qu'il faut comparer, c'est le mandat salarié avec le louage de services, ou le mandat gratuit avec le service rendu gratuitement. Et alors, quant aux risques à courir, l'équité demande qu'on traite de même les deux contrats à titre onéreux d'une part; et d'autre part les deux contrats à titre gratuit. Pourquoi conserver dans le présent des distinctions qui ne s'expliquent que par les conceptions du passé?

Mais enfin, nous dira-t-on, il faut pourtant bien s'incliner devant les textes du Code civil, notamment devant l'article 2000. — Assurément, et l'on va voir dans un instant que nous n'avons garde d'y manquer. Qu'on nous permette seulement, au point de vue rationnel, une dernière observation.

Non seulement, à ce point de vue, nous ne voyons pas de motif pour traiter d'une manière opposée le locateur de services et le mandataire salarié, mais nous en voyons un pressant de les traiter de même : c'est que, dans la pratique, on a souvent le plus grand mal à les distinguer. Tel tribunal dira « locateur de services » où tel autre dirait « mandataire salarié »; et ainsi le hasard qui fera trancher un litige dans une ville ou dans une autre vaudra à la victime d'un accident tantôt la réparation totale et tantôt la misère. Comme on éviterait de pareilles injustices en traitant de semblable manière, en droit, les situations qui se ressemblent en fait !

Prétendra-t-on nier que la distinction faite laisse beaucoup de place aux divergences des juges? Eh ! Comment le pourrait-on? Nous avons vu que la doctrine et la jurisprudence sont toutes deux divisées sur les traits distinctifs des contrats en présence. Supposons néanmoins que tout le monde s'accorde à admettre le dernier système (celui qui a le plus

texte du Digeste : « Mandatum, nisi gratuitum, nullum est, nam originem ex officio atque amicitiâ trahit ». L. 1, § 4. D. (Mandati vel contra), XVII, 1.

de partisans); on se heurte à une nouvelle difficulté : souvent la même personne passe instantanément de la situation de locateur de services à celle de mandataire salarié et *vice versa*, et dans cet enchevêtrement d'opérations hétérogènes, qui pourra dire lequel des deux contrats a occasionné la perte subie ? Encore, si les gens imitaient le « maître Jacques » de l'*Avare*, et changeaient de costume chaque fois qu'ils changent de fonctions! Mais notre époque est trop pressée pour suivre un tel cérémonial. Et d'ailleurs n'arrive-t-il pas souvent que deux fonctions sont cumulées dans le même moment? Le domestique qui va faire un achat pour son maître n'est-il pas à la fois domestique, c'est-à-dire locateur de services, et acheteur pour le compte d'autrui, c'est-à-dire mandataire ? Alors, quand ces deux caractères distincts et qu'on veut opposer se trouvent réunis en fait, quelles règles, en cas d'accident, le juge appliquera-t-il? Celles du louage ou du mandat? Il doit, nous dit-on, statuer « d'après les circonstances (1) ». Assurément; mais cela revient à dire avec nous qu'on laisse au juge un large pouvoir de décider à son gré. La seule règle qu'on lui impose en l'espèce est d'écarter toute solution modérée; la réparation du dommage éprouvé devra être totale ou n'être pas. Or, nous le répétons, quand deux situations sont telles qu'on ne peut donner aucun critérium précis pour les distinguer, est-il rationnel de leur faire produire des effets non pas seulements différents, mais absolument opposés, et cela non pas sur un point accessoire, sur l'application de quelque règle de procédure, mais sur un point si important que, suivant la solution admise, la même personne peut se trouver dans l'aisance ou dans le dénûment?

Le contraste apparaît bien avec tout ce qu'il a de choquant, si l'on feuillette des recueils de jurisprudence. Par exemple, voici d'abord quelques décisions qui semblent vraiment rigoureuses.

La Cour de cassation a considéré comme un locateur de services, n'ayant droit à aucune indemnité, l'homme

(1) Lyon-Caen et Renault, 3e éd., t. III, p. 416.

d'équipe d'une compagnie de chemins de fer, blessé par un voyageur au moment où il exerçait une surveillance attachée spécialement à son service, et ayant pour objet d'assurer l'exécution des règlements dans une gare (1) (La Cour de Chambéry, en cette affaire, avait statué en sens contraire).

De même la Cour suprême a considéré comme un locateur de services, sans droit à aucune indemnité, un employé, qui, ayant avisé son chef de gare d'un vol, et ayant reçu de celui-ci l'ordre d'arrêter le délinquant, fut frappé d'un coup mortel dans l'accomplissement de sa mission (2) (La Cour d'Alger avait statué en sens contraire).

La Cour de Nancy a également refusé, pour la même raison, toute indemnité à la famille d'un garde champêtre mortellement blessé dans ses fonctions d'agent de la police municipale, alors qu'il procédait à l'arrestation d'un délinquant (3) (Les juges du premier degré avaient statué en sens contraire).

— Par contre les tribunaux ont alloué (par application des règles du mandat) une indemnité intégrale à un ouvrier qui, ayant à en surveiller d'autres, et les ayant par un mouvement précipité soustraits à un danger imprévu, fit une chute et se blessa (4).

La même solution a été admise pour le préposé au déchargement d'un navire, qui s'était blessé en sauvant un subordonné en danger (5).

Enfin, a été également considéré comme un mandataire le directeur des services en Amérique de la Compagnie française des câbles télégraphiques qui avait trouvé la mort dans la catastrophe de la Martinique, alors qu'il se rendait à Saint-Pierre pour relever le moral de ses subordonnés inquiets. Sa famille a donc été indemnisée (6).

— Inutile, croyons-nous, de poursuivre cette énumération

(1) Cass., 24 janv. 1882, D. 82. 1. 65.
(2) Cass., 14 avr. 1886, *Pand. fr.*, 86. 1. 174; D. 86. 1. 221.
(3) Nancy, 29 avr. 1893, D. 93. 2. 527.
(4) Paris, 14 août 1852, D. 53. 2. 75.
(5) Aix, 23 oct. 1889, D. 90. 2. 301.
(6) Paris, 20 févr. 1907, *Pand. fr.*, 1907. 2. 183.

et d'insister sur le peu d'harmonie de cet ensemble de décisions. Tant que nous restons placé sur le terrain de l'équité, la plupart des jurisconsultes semblent assez disposés à nous donner raison, et à regretter que le locateur de services et le mandataire salarié soient traités de manières si différentes, si opposées. Seulement, nous dit-on, il faut bien appliquer les textes du Code civil; car ce que le juge doit respecter par-dessus tout, ce n'est pas l'équité : c'est la loi.

L'observation est juste; ouvrons donc le Code civil.

III

La théorie que nous critiquons est fondée sur le raisonnement suivant :

Aux termes de l'article 2000 du Code civil, « le mandant doit indemniser le mandataire des pertes que celui-ci a essuyées à l'occasion de sa gestion... ». Au contraire, le Code est muet sur les pertes subies par le locateur de services. Donc le mandataire a droit à une réparation intégrale; le locateur de services n'a droit à rien.

Ce raisonnement, certes, séduit d'abord par sa belle simplicité. Par malheur, on peut argumenter de même à propos de presque toutes les autres règles du mandat. Et alors, à quelles singulières conséquences ne va-t-on pas aboutir! Les plus chauds partisans de la théorie traditionnelle ne laisseront pas d'en être quelque peu inquiets. Exemple :

Précisément avant l'article 2000, nous lisons dans l'article 1999 : « Le mandant doit rembourser au mandataire les avances et frais que celui-ci a faits pour l'exécution du mandat ». Au contraire le Code civil est muet sur les avances et frais faits par le locateur de services. Si le raisonnement de tout à l'heure est exact, il faut dire de même, pour le même motif : le mandataire a droit à un remboursement intégral de ses frais, le locateur de services n'a droit à rien. — Étrange conclusion en vérité! Comment! Si vous envoyez votre domestique faire certains aménagements dans votre maison de campagne, vous n'êtes pas tenu de lui rembourser ses frais de voyage, parce que le Code civil ne l'a pas dit[1]! Et si néanmoins vous les payez, ce sera une donation que vous ferez! Ce riche Américain qui, récemment, débarquant en Europe, fit venir un coiffeur de Paris, et trouva excessifs les frais de voyage de ce dernier, aurait pu simplement lui dire : « Je ne vous dois rien »! Mais existe-t-il un seul tribunal qui eût consacré de si extraordinaires prétentions?

La vérité est que le Code civil est demeuré presque muet sur le louage de services; mais par contre, on y trouve, au titre troisième du livre III, des principes généraux applicables à tous les contrats, même au louage de services; et nous lisons notamment dans l'article 1135 : « Les conventions obligent non seulement à ce qui y est exprimé, mais encore à toutes les suites que l'*équité*, l'usage ou la loi donnent à l'obligation d'après sa nature ». Ainsi le serviteur a droit non seulement au salaire promis, mais encore à tout ce que l'*équité* demande qu'on lui paie. Voilà pourquoi il doit être indemnisé des frais qu'il a faits pour l'exécution de son contrat; et voilà aussi pourquoi, selon nous, il doit être indemnisé, *dans la mesure où le demande l'équité*, des pertes qu'il a subies à l'occasion de ce contrat.

Prenons un exemple : un cocher, qui soignait un cheval, en reçoit un coup de pied dont il reste infirme pour toute sa vie. Est-ce que, même si l'accident est purement fortuit, l'équité, et par conséquent l'article 1135, n'obligent pas le juge à allouer une certaine indemnité à la victime[2]?

Autre exemple : un alpiniste s'est égaré sur des cimes périlleuses; un guide, envoyé à sa recherche, emmène avec lui son chien, qui, particulièrement habitué à ce genre de

(1) Cf. ce passage de Carré (*Nos petits procès*, 9e éd., p. 29) : « Des maîtres entreprennent un voyage d'agrément ou d'affaires; ils emmènent leurs domestiques... et retiennent sur les gages le prix de ce voyage forcé. Cela ne paraît pas sérieux, n'est-ce pas? Et cependant cette exigence s'est révélée maintes fois devant les tribunaux, qui en ont fait bonne justice ».

(2) On sait que, contrairement à l'opinion de la doctrine, la jurisprudence croit devoir appliquer l'article 1385 aux accidents dont sont victimes les serviteurs du maître de l'animal (V. Fuzier-Herman, v° *Responsabilité civile*, nos 903-904). Mais tout le monde admet que la présomption de cet article doit être écartée quand le maître de l'animal prouve qu'il y avait cas fortuit ou force majeure (*Ibid.*, 817).

sauvetages, possède de ce chef une grande valeur. Finalement l'alpiniste égaré est sauvé, mais le chien a trouvé la mort dans cette expédition. Suivant la théorie traditionnelle, le guide, ainsi privé de son plus précieux auxiliaire, ne pourra réclamer aucune indemnité. Ainsi le veut, dit-on, sinon l'équité, du moins la science du droit.

Ah! vraiment, que le droit serait une triste chose, s'il conduisait ainsi le jurisconsulte à braver le sens commun et à rendre une justice qu'il serait tout seul à appeler « la Justice »! — Heureusement il n'en est rien. Car l'article 1134, alinéa 3 et l'article 1135 permettent, ou plutôt même ordonnent, dans la vaste matière des contrats, de sous-entendre partout l'idée d'équité et de bonne foi. On dit souvent, il est vrai, que ces textes ne sont pas à proprement parler des lois, mais « de simples conseils donnés au juge (1) », conseils sur lesquels on ne saurait asseoir aucune théorie juridique. Mais nous avouons ne pas comprendre. Au nom de quelle autorité supérieure vient-on ainsi retirer à des articles du Code civil leur autorité, et, sous prétexte de mieux respecter la loi, ôter à certaines lois leur force obligatoire? En écartant l'application des articles 1134, alinéa 3, 1135, on croit éviter l'arbitraire, les injustices qui peut-être se feraient jour au nom de l'équité. Mais que d'injustices certaines on commet, par crainte d'injustices simplement possibles! Et n'est-ce pas précisément le comble de l'arbitraire que de choisir parmi les lois celles qu'on voudra bien tenir pour des lois (2) (3)?

(1) On en déduit notamment que la Cour suprême ne peut pas casser un jugement pour inobservation de ces articles.

(2) Si l'on prétend que l'article 1135, en tant qu'il contient l'idée d'équité, est trop vague pour être considéré comme une loi, que ne répète-t-on la même chose de l'article 1382? Ce dernier texte n'est pas moins imprécis que le premier. Quand un dommage causé à autrui constitue-t-il une « faute », ou est-il légitime? Quand y a-t-il « abus de droit »? La solution de ces questions repose toujours en définitive sur l'idée d'équité, et l'on ne voit pas pourquoi cette idée s'imposerait au juge en matière de délits, et non en matière de contrats.

(3) D'ailleurs les textes, quand on ne les éclaire pas par l'idée de l'équité, « se prêtent aux commentaires les plus fantaisistes... Sans la conscience morale, il n'est pas de ressource pour l'interprète », comme le dit fort bien

— Mais enfin, nous dira-t-on, il faut cependant bien avouer que les articles 1134, 1135, ne donnent sur le louage de services que des lumières plutôt vagues. Même si l'on admet en principe leur application, quelle solution pratique de notre problème en peut-on tirer? — C'est ce que nous allons préciser :

Il est tout d'abord entendu que si, relativement au point litigieux, on peut découvrir une commune volonté des parties, même tacite, elle devra être respectée. Mais, la plupart du temps, les intentions des parties auront vraisemblablement été contradictoires (lorsqu'un contrat est muet sur une difficulté, il est à présumer que chacune des parties interprétait son silence en sa faveur). Alors, quand le juge n'est pas guidé par la volonté des contractants, que doit-il décider?

Si le louage s'est trouvé conclu dans l'intérêt exclusif du maître (ou, ce qui est une hypothèse plus pratique, s'il s'agit d'un service qu'une personne a consenti à rendre gratuitement), l'équité, sans aucun doute, demande que le contractant bénéficiaire du service rendu indemnise intégralement l'autre partie de ses pertes.

Si au contraire le louage de services a été conclu dans l'intérêt des deux contractants (comme cela est ordinaire), il est équitable de partager le risque (1). N'est-ce pas, en effet, le cas de s'inspirer ici par analogie du principe de l'article 1852 du Code civil, relatif au contrat de société : « *Un associé a action contre la société... à raison des risques insé-*

M. Mallieux dans sa récente étude, *L'expérience des jurisconsultes* (*Rev. de métaph. et de morale*, 1907, p. 793).

(1) Peut-être sera-t-on tenté de répéter ici des objections analogues à celles qui ont été présentées à propos de la loi du 9 avril 1898. On a dit alors : le patron n'a pas à partager le risque de l'ouvrier, puisque l'ouvrier ne partage pas le risque du patron et n'a pas à se préoccuper des accidents qui peuvent arriver à ce dernier. — Il a été répondu que le patron, dirigeant l'entreprise, ne peut se décharger sur d'autres du risque qu'il court : ce risque, en effet, dépend essentiellement de la manière dont il exerce *librement* son activité (tandis que l'ouvrier obéit à des ordres). De plus, si le patron réussit dans son entreprise, il réalisera des bénéfices considérables que l'ouvrier ne peut espérer : là où sont les chances de gain doivent être aussi les chances de perte. — Cette argumentation peut être répétée *mutatis mutandis* à propos des autres louages de services.

parables de sa gestion »? Si les circonstances de la cause ne laissent voir aucune raison de faire supporter la perte subie par un contractant plutôt que par l'autre, le dommage éprouvé devra être réparti également entre eux deux. Au cas contraire, le juge appréciera dans quelle mesure il est juste de faire varier ce rapport, comme il apprécie de quelle manière il convient de répartir les frais d'un procès, entre des plaideurs dont chacun, n'a triomphé que partiellement. La quotité du salaire fixé fournira un des principaux éléments d'appréciation; parfois même le juge pourra en déduire qu'il y a lieu de laisser tout le risque à la charge d'une des parties.

Telles sont les solutions que nous préconisons pour le louage de services. Et nous soupçonnons que certains juristes les admettraient assez aisémeut, si nous cherchions à les justifier non par l'art. 1135, mais exclusivement par la commune volonté des parties. Parler de volontés tacites même sur des points auxquels les contractants n'ont pas songé, n'est-ce pas là une méthode classique, pour faire pénétrer, en quelque sorte sous un masque, l'équité dans le droit? Le locateur de services, dira-t-on, peut être déchargé de tout ou partie du risque par convention; la convention peut n'être pas expresse; les conventions tacites peuvent être fictives (qu'on se rappelle par exemple la fameuse théorie du *mandat tacite* entre époux); et voilà le biais trouvé, semble-t-il, qui mettra d'accord la tradition et l'équité.

A vrai dire, pour atteindre la justice, nous n'aimons guère les détours; et, à nos yeux, c'est la ligne droite qui mène le plus sûrement vers le droit. Les fictions classiques sont fort ingénieuses; mais à quoi bon tant d'esprit, quand l'article 1135 dispense si judicieusement d'en avoir? Il est toujours fâcheux, selon nous, de rencontrer la solution juste en quelque sorte par surprise.

Mais peut-être devons-nous ici nous rappeler les leçons de l'histoire : les principaux progrès de la jurisprudence se sont accomplis sous le couvert de formules traditionnelles dont on changeait peu à peu le sens, en conservant leurs mots; ces mots jouaient un rôle analogue au rideau de théâtre derrière lequel s'opère un changement de décors. Et peut-être n'avons-nous pas chance de faire triompher les solutions que nous croyons justes, si, rejetant toute fiction, nous les rattachons directement à l'article 1135 du Code civil.

S'il en est ainsi, nous nous résignerons à les déduire de volontés présumées, même très problématiques. L'important est avant tout que les magistrats rendent des décisions justes, et que l'on atteigne l'équité, fût-ce par un détour.

Mais, que l'on préfère la voie droite ou le chemin détourné, on devra convenir que le Code civil n'oblige nullement à être injuste envers le locateur de services. Le juge, en cette matière, peut être équitable sans se placer au-dessus des lois, sans devenir un « bon juge », c'est-à-dire un mauvais juge. — Nous allons maintenant montrer qu'il en est de même dans la matière du mandat, et que les règles applicables aux deux contrats étudiés sont en parfaite harmonie.

IV

Lorsqu'un mandat est conclu dans l'intérêt exclusif du mandant, point de difficulté possible : le mandataire doit recevoir pour les pertes qu'il a subies une réparation totale. Cette solution est analogue à celle que nous avons préconisée pour le louage de services ; et l'article 2000 du Code civil, déjà cité, la dicte expressément : « Le mandant doit indemniser le mandataire des pertes que celui-ci a essuyées à l'occasion de sa gestion, sans imprudence qui lui soit imputable ».

Seulement, cet article ne faisant aucune distinction, on prétend ordinairement l'appliquer même au cas où le mandat a été conclu dans l'intérêt des deux parties : même alors, nous dit-on, le mandataire a toujours droit à une réparation intégrale ; c'est peut-être injuste, mais c'est la loi. — Nous répondrons : oui, sans doute, c'est injuste; mais ce n'est pas la loi. Et nous allons tâcher de le prouver.

Un fait nous frappe tout d'abord : considérons les articles du titre du *Mandat* qui avoisinent l'article 2000; nous en trouvons qui sont conçus en termes tout aussi généraux, et que cependant tout le monde est d'accord pour appliquer exclusivement au contrat conclu dans l'intérêt du mandant. Tel est notamment l'article 2004 : « Le mandant peut révoquer sa procuration quand bon lui semble ». Au nom de l'équité, on écarte l'application de ce texte *quand l'acte a été passé dans l'intérêt des deux contractants* (1). Et alors nous demandons pourquoi, au nom de l'équité, ne pas faire de même à propos de l'article 2000; pourquoi, dans la même hypothèse, ne pas écarter son application, et ne pas en revenir au principe général de l'article 1135, qui permettrait de partager le risque?

Mais il y a plus : si l'on se reporte aux travaux préparatoires du Code civil, on s'aperçoit, nous allons le montrer à l'instant, que tout le titre du *Mandat* a été rédigé exclusivement en vue du cas où le contrat est passé *dans l'intérêt du seul mandant*. Nous n'en déduirons certes pas cette proposition paradoxale que les textes de ce titre doivent être écartés chaque fois que le contrat est passé dans l'intérêt des deux parties; mais nous dirons que, en pareil cas, ils s'appliquent seulement *par analogie*, et *dans la mesure où le demande la raison*. Par suite, dès que l'analogie fait défaut, dès qu'un texte du titre du *Mandat* s'explique par ceci que le contrat est supposé conclu dans le seul intérêt du mandant, il faut se garder d'appliquer ce texte, quand l'acte a été conclu dans l'intérêt des deux parties. Il faut alors trancher la difficulté à l'aide des principes généraux des contrats. Et voilà comment se justifie la jurisprudence précitée relative à l'article 2004; et voilà aussi pourquoi nous voudrions voir adopter la même jurisprudence relativement à l'article 2000.

Mais, dira-t-on, est-il bien certain que, dans le Code civil, le titre du *Mandat* vise exclusivement le cas où l'acte a été passé dans le seul intérêt du mandant? — Le célèbre recueil

(1) Cass., 11 févr. 1891, *Pand. fr. pér.*, 1891. 1. 314; S. 91. 1. 121; — Aubry et Rau, 4e éd., t. IV, § 416; — Laurent, *Principe de dr. civ.*, t. XXVIII, no 86; — Guillouard, no 216; — Huc, t. XII, no 118, p. 148.

de Locré nous fournira la meilleure des réponses. Nous y voyons d'abord que le conseiller d'État Berlier, chargé de présenter officieusement au Corps législatif le titre du *Mandat*, s'exprima en ces termes : « ... De sa nature le mandat est gratuit; c'est un *office de l'amitié*, ainsi le définit le droit romain, et *notre projet lui conserve ce noble caractère* ». Cependant, ajoute Berlier, la règle de la gratuité du mandat ne saurait être absolue, et l'on peut y déroger par une stipulation expresse : « Cette stipulation sera donc permise, car elle n'a rien de contraire aux bonnes mœurs, et même elle sera d'une exacte justice, toutes les fois que le mandataire n'aura point assez de fortune pour faire *à son ami* le sacrifice de son temps et de ses soins, circonstance qui peut arriver souvent, et dans laquelle *la rétribution sera moins un lucre qu'une indemnité* » (1). On le voit, le mandat du Code civil est un contrat conclu entre « *amis* » et où le mandataire *ne recherche aucun bénéfice*: c'est donc bien un acte passé dans l'intérêt du mandant.

De même, que dit le tribun Tarrible dans son rapport au Tribunat? « Le projet proclame que le mandat est gratuit, s'il n'y a convention contraire. Il imprime ainsi à ce contrat le beau caractère du désintéressement et de la générosité. La loi civile, toujours respectable, semble devenir plus *touchante* lorsqu'on la voit féconder dans le cœur des citoyens les sentiments affectueux qui les portent à se rendre mutuellement des services gratuits, et les ennoblir en traçant les règles qui doivent les diriger. — Les Romains avaient aussi consacré le même principe, et ils l'observaient avec tant de scrupule que la plus légère rétribution, regardée chez eux comme incompatible avec le mandat, le faisait dégénérer en un contrat de louage. C'est avec raison que ce rigorisme a paru excessif aux auteurs du projet. Pourquoi le commettant ne pourrait-il donner ou promettre une récompense? Pourquoi ne pourrait-il obéir au sentiment d'une juste délicatesse, qui le porterait à *indemniser* le mandataire du sacrifice d'un temps et de soins qu'il aurait

(1) Locré, t. XV, p. 234 (Séance du Corps législatif du 12 ventôse an XII).

pu employer utilement pour lui-même? Ces *signes de gratitude*, loin de dénaturer le service, ne font qu'en rendre le caractère plus sensible. *Une récompense donnée ou promise n'est jamais réputée, dans ce contrat, qu'une indemnité; elle n'est pas un bénéfice;* elle ne change donc point la nature du mandat » (1). Et plus loin, expliquant comment le mandant doit dédommager le mandataire de tous ses déboursés et de ses pertes, le même tribun dit encore : « La justice et la *reconnaissance* imposent également ce devoir au commettant. C'est pour lui, c'est *pour son seul avantage* que l'affaire a été traitée. Il doit toujours supporter les chances du hasard, auquel toutes les transactions sociales sont plus ou moins exposées (2) ».

Enfin le tribun Bertrand de Greuille, présentant officiellement le vœu d'adoption au Corps législatif, disait : « Le mandat est un échange de confiance et de bienfaisance qui a eu lieu entre les deux contractants : il est donc gratuit par sa nature. Le projet reconnaît formellement ce principe, et vous ne trouverez pas sans doute qu'il en altère l'essence en permettant de stipuler au profit du mandataire *quelques témoignagnes de bienveillance*... et lorsque l'*affection* est encore la *cause première et déterminante* du bon office qu'il consent à rendre, voudrait-on humilier sa personne, dégrader ses services en les rangeant dans la classe de ceux qu'on reçoit des mercenaires ou d'autres salariés? » (3).

Ainsi tous ces discours reflètent la même pensée, et l'on chercherait en vain dans tous les travaux préparatoires une note discordante. Peut-on, après cela, soutenir que, dans les textes en question, les auteurs du Code ont voulu réglementer le mandat conclu dans l'intérêt des deux parties, celui où toutes deux recherchent un bénéfice, par exemple le mandat qu'un client donne à un avoué, à un huissier? Non certes; car nombre de plaideurs feraient aussitôt observer que leurs avoués leur demandent tout autre chose que « quelques témoignages de bienveillance »; et,

(1) *Ibid.*, p. 245 (Séance du Tribunat du 16 ventôse an XII).
(2) *Ibid.*, p. 255.
(3) *Ibid.*, p. 259.

si tendre que puisse être le cœur d'un huissier, est-ce par « affection » pour ses clients qu'il signifie des protêts ou des ajournements?

Comme nous l'avons vu affirmer par le tribun Tarrible, les dispositions du Code civil sont relatives au cas où « l'affaire a été traitée pour le seul avantage du commettant ». Elles ne peuvent donc s'appliquer à d'autres cas que par analogie; mais là où l'analogie cesse, c'est-à-dire partout où il n'est pas indifférent pour la raison que le mandataire ait poursuivi un bénéfice personnel, il faut aussitôt en revenir aux principes généraux du Code civil, donc à l'article 1135.

Or, que nous dit cet article? Que commande l'idée d'« équité » à laquelle il nous renvoie? Nous répéterons, comme tout à l'heure en matière de louage de services :

Si le contrat est conclu dans l'intérêt des deux parties, il est juste que le risque couru par le salarié soit partagé; le partage, quand il n'y aura point de raison de décider autrement, se fera par moitié; mais avant tout, que le juge s'inspire des circonstances.

En résumé, la distinction traditionnelle (indemnité totale en cas de mandat, nulle en cas de louage de services) nous paraît devoir être remplacée par une autre. Si la personne qui a rendu service ne poursuivait aucun bénéfice pour elle-même, nous admettons l'indemnité totale. Poursuivait-elle un bénéfice? Nous lui accordons une indemnité partielle, qui sera en principe de moitié, mais variera suivant les circonstances. Telle est la solution que nous semblent dicter la loi et l'équité.

V

Mais l'équité, qui peut en parler? dit-on souvent; votre équité à vous n'est généralement pas celle de votre voisin; chaque juge à la sienne. — Nous répondrons que le juge ne doit pas dans ses décisions se laisser entraîner par ses conceptions personnelles, mais que, fonctionnaire public, il doit se régler sur l'opinion publique. Sa conscience ne doit pas se séparer de celle de la société où il vit. Et voilà pourquoi, avant de clore cette étude, nous voudrions prouver l'accord de notre théorie avec les aspirations de l'esprit social contemporain.

Nous avons déjà incidemment cité quelques phrases d'éminents auteurs de notre temps qui, tout en se croyant rivés par la loi à la doctrine traditionnelle, ne laissent pas de le regretter. Au nom de quoi? C'est apparemment que notre conception de l'équité ne nous est pas particulière. D'autres autour de nous, et qui ne sont pas des premiers venus, semblent bien la partager.

Mais ce qui est plus significatif encore, c'est la marche progressive de notre législation. Nous avons vu d'abord la loi du 9 avril 1898 appliquer très largement dans l'industrie le principe du *partage du risque professionnel.* Puis la loi du 30 juin 1899 l'a introduit, mais avec beaucoup de réserves, dans l'agriculture. La loi du 12 avr. 1906 l'a étendu sans restriction aux entreprises commerciales. La Chambre des députés est actuellement saisie d'un projet de loi visant à appliquer le même principe, de la manière la plus large, à l'agriculture. Enfin, aux termes de la loi du 18 juillet 1907, art. 1, tout employeur non assujetti à la législation des accidents du travail peut volontairement s'y soumettre. Et ce qui est aujourd'hui simplement permis pourrait bien demain être ordonné.

— Mais alors, va-t-on nous dire, votre théorie soi-disant juridique est en avance sur la loi, et par conséquent la viole; car elle applique des textes nouveaux là où le législateur n'ose pas encore les rendre applicables. — Nous répondrons : les lois que nous venons de rappeler contiennent un ensemble de principes exceptionnels : évaluation forfaitaire de l'indemnité due; rejet des principes généraux de la responsabilité en cas de faute; procédure spéciale; possibilité pendant trois ans d'une révision des accords conclus, etc. Or, tant que le législateur ne l'a pas ordonné, nous nous gardons bien de vouloir appliquer ces principes à tous les contrats de louage de services et de mandat. Nous nous emparons simplement du principe du partage du risque professionnel, et, sans l'ériger le moins du monde en règle absolue, nous demandons au juge, dans les cas où l'équité le commande, de répartir entre les contractants la perte fortuite subie par l'un d'eux. De la sorte, en comparant les décisions judiciaires relatives à des matières voisines, on y trouvera non pas l'uniformité, mais une certaine harmonie; et la science juridique, sans se mettre en avance sur la lettre des lois contemporaines, cessera d'être en retard sur leur esprit.

Un dernier fait semble bien montrer que nous sommes d'accord avec l'opinion publique : c'est qu'en somme les tribunaux, sous la pression du sentiment de la justice, appliquent souvent notre théorie; seulement ils préfèrent ne pas le dire : ils aiment mieux abriter leur hardiesse derrière les formules traditionnelles. Il est en effet certains biais grâce auxquels on peut tirer de ces formules ce que l'on veut, et même des solutions équitables.

Nous avons déjà fait allusion aux conventions tacites fictives dont certains juristes font un si grand usage. — Un autre biais, plus usité en notre matière, est celui qui consiste à trouver toujours en faute les maîtres dont les serviteurs ont éprouvé quelque accident; on applique alors les articles 1382 et suiv., qui laissent le juge libre d'allouer l'indemnité qu'il veut.

Ainsi, un domestique conduisait, comme il en avait l'habitude, le cheval de son patron; un chien se précipita avec des aboiements furieux sur ce cheval, qui s'emporta, renversa le domestique et le blessa. Il y avait là, à ce qu'il semble, un cas fortuit bien caractérisé; et telle avait été l'opinion des juges du fond : le maître du cheval n'avait manifestement commis aucune faute. Mais cette opinion, combinée avec la doctrine traditionnelle, conduisait fatalement à refuser à la victime toute indemnité. La Cour suprême a sans doute été choquée de cette solution inique, et, déclarant que le « cas fortuit ou de force majeure » n'était pas suffisamment établi par les constatations de fait ci-dessus rapportées, elle a cassé la décision des juges du fond (1).

(1) Cass., 29 mai 1902, S. 1902. 1. 310. Nous lisons dans la note relative

D'autre part, et inversement, les tribunaux sont loin d'accorder toujours au mandataire salarié une indemnité intégrale. Souvent, tout en prétendant appliquer l'article 2000, ils allouent à celui qui l'invoque une somme d'argent bien inférieure à celle qui serait nécessaire pour réparer entièrement le préjudice subi. Examinons par exemple un arrêt tout récent de la Cour de Paris, que nous avons déjà cité : un des directeurs de la Compagnie française des câbles télégraphiques étant mort dans l'exercice de ses fonctions, la Cour l'a considéré comme un mandataire salarié, et en conséquence a voulu faire bénéficier sa famille des dispositions de l'article 2000 (1). Or qu'a-t-elle accordé comme réparation intégrale du préjudice causé ? 50.000 francs en tout, à la veuve et aux enfants réunis. Eh bien, le défunt avait un traitement annuel de 15.000 francs, et, au moment de l'accident, il n'était âgé que de trente-neuf ans (2). Comment croire que la valeur, même purement pécuniaire, d'une vie humaine à son apogée, soit simplement égale à un peu plus de trois fois le gain réalisé chaque année ? Comme si les gens de trente-neuf ans ne devaient pas normalement dépasser l'âge de quarante-trois ou de quarante-quatre ans ! Nous-

à cet arrêt : « La Cour de cassation a considéré qu'en disant que « tous les faits articulés n'étaient pas démonstratifs de la faute du propriétaire », et en ajoutant que « si le cheval s'est emporté, c'est parce qu'il a été assailli par un chien qui s'est élancé sur lui », la Cour d'appel ne s'était pas expliquée d'une manière suffisamment précise sur les circonstances qui avaient pu constituer un cas fortuit ou de force majeure ». — Cpr. dans le même sens, Cass., 2 juill. 1902, S. 1902. 1. 448.

Notons que la Cour suprême semble avoir une jurisprudence toute différente quand la victime de l'accident n'est pas au service du propriétaire de l'animal. Ainsi elle a jugé que « le propriétaire n'est pas responsable de l'accident causé par son cheval, lorsque ce cheval, d'ailleurs non vicieux et conduit à l'allure ordinaire, a été effrayé par le passage inattendu d'un train sur un pont métallique de chemin de fer, dans le voisinage de la route, et s'est emporté avec une force irrésistible. Dans ce cas, aucune faute n'est imputable au propriétaire du cheval, et l'accident survenu est la conséquence d'un cas de force majeure ». (Cass., 19 août 1878, S. 80. 1. 462 ; D. 79. 1. 205).

(1) Paris, 20 févr. 1907, *Pand. fr.*, 1907. 2. 183.

(2) Nous puisons ces renseignements dans le jugement du tribunal de la Seine, qui a été réformé par l'arrêt en question (V. *Pand. fr.*, 1907. 2. 72).

même qui, en de pareils cas, sommes partisan d'une indemnité seulement partielle, nous trouverions volontiers la somme de 50.000 francs trop modique (1). Tant il s'en faut que la Cour d'appel ait appliqué dans sa rigueur l'inique principe de la réparation intégrale !

On le voit, la conception de l'équité, que nous défendons, ne nous est point personnelle; c'est celle qui à l'heure actuelle se fait jour de toute part dans les lois et même, sans qu'on veuille l'avouer, dans les jugements. Notre thèse n'est que la traduction juridique de l'opinion publique, et voilà précisément ce qui fait sa force, ce qui nous paraît devoir assurer son succès. Car on invoquerait en vain les raisonnements en apparence les plus convaincants, les traditions les plus invétérées : l'opinion publique balaye tout ce qui lui fait obstacle, et avec une force irrésistible poursuit sans trêve son idéal.

Et maintenant, arrivé au terme de notre étude, jetons un dernier et rapide coup d'œil en arrière :

Si une personne éprouve un dommage à l'occasion d'un service gratuit ou salarié qu'elle a rendu à autrui, a-t-elle droit à une indemnité? La doctrine traditionnelle répond par une distinction entre le mandat et le louage de services : d'un côté, réparation intégrale; de l'autre, réparation nulle.

A cette distinction, que l'on ne cherche même pas à justifier en raison, et que l'on nous paraît justifier mal par les textes, nous demandons que l'on en substitue une autre : le contrat, quel qu'il soit, a-t-il été passé dans l'intérêt exclusif de celui à qui le service est rendu? il y a lieu à réparation intégrale; au cas contraire, le juge accordera une réparation partielle dans la mesure où le demande le principe proclamé par l'article 1135 : le principe de l'équité.

Mais le rôle que nous attribuons à cet article, voilà, nous le savons bien, ce qui effraiera certains juristes, et, sous prétexte qu'on trouve difficilement la solution équita-

(1) Le tribunal de 1re instance avait alloué 90.000 francs.

ble, ils croient plus juridique de ne la point chercher. « Nous faisons du droit, disent-ils, et non point de la morale »; et, forts de cette distinction, ils se résignent par exemple à traiter le locateur de services et le mandataire salarié, dans des cas semblables, de manière opposée : l'un est acculé à la misère, quand l'autre reçoit une rente, et cela au nom du droit! Ou bien, choqué d'une telle iniquité, on imagine des fictions, on déclare fautives des personnes qui n'ont rien à se reprocher, on s'ingénie à appliquer des textes à des cas que le législateur n'a pas prévus, on respecte l'équité en se cachant, et tout cela encore, tout cela au nom du droit!

Nous nous faisons du droit une plus haute idée. Profondément respectueux de la loi, nous demandons qu'on l'applique tout entière, et qu'on n'en expulse pas les textes qui parlent d'équité. C'est au nom de ces textes que nous réclamons pour tous les salariés l'égalité devant le hasard. — Ainsi, bien loin de renier le Code civil, nous souhaitons de ressusciter certaines de ses parties qui restaient comme atrophiées, et, faisant, pour ainsi dire, circuler à travers ce grand organisme un principe de justice qu'on y laissait inerte, nous tâchons (puisse notre ambition ne pas paraître excessive!) de rendre à cette œuvre séculaire une sève plus abondante et une jeunesse nouvelle.

GEORGES DEREUX.

OUVRAGE TERMINÉ

BAR LE-DUC. — IMPRIMERIE CONTANT-LAGUERRE.

www.ingramcontent.com/pod-product-compliance
Ingram Content Group UK Ltd.
Pitfield, Milton Keynes, MK11 3LW, UK
UKHW020443220726
13923UKWH00005B/2298

9 782019 245450